W0198677

“J'AI UN Rêve, MAIS...”

KARIN PERSURIC

“ J'AI UN Rêve, MAIS... ”

LES **10 CLÉS DU SUCCÈS** POUR LES **15-24 ANS**

© Karin Persuric, 2018
E-mail : contact@jaiunrêve.com
Site Internet : www.jaiunrêve.com

Deuxième édition revue et augmentée.
ISBN 978-99959-963-2-1
Dépôt légal : Octobre 2018
Bibliothèque nationale de Luxembourg

Tous droits de traduction, de reproduction et d'adaptation réservés pour tous pays.

Illustrations : Fotolia/Dreamstime/Unsplash

Mise en page et couverture : BVG.Studio

Impression : Snel - www.snel.be

Catégorie : Développement personnel, Succès, Bien-être,
Réussite personnelle

Table des matières

1. *L'origine de ce livre* 9

2. *Vous êtes inspiré* 17

3. *Vos croyances : « Oui, mais… »* 25

- **32** Savent-ils à 100% ce qui est bon pour vous ?
- **35** C'est impossible !
- **35** Conclusion sur les croyances

4. *Votre évolution* 39

5. *Être, faire, avoir* 47

6. *Faites ce que vous aimez* 55

7. *Votre contribution au monde* 63

8. *Soyez clair* 69

9. *Planifiez* 75

10. Bilan avant de continuer **81**

11. Agissez **87**

89 La Loi de l’Attraction
90 Agissez en adoptant la bonne attitude
93 Agissez de façon focalisée
97 Agissez calmement
102 Soyez flexible

12. L’échec n’existe pas **107**

108 « Ça met trop de temps »
110 « Je n’obtiens que des échecs »
114 « Je suis découragé »
119 Conclusion sur l’échec

13. Les 10 clés du succès **123**

14. Il n’y a qu’un seul rêve ! **127**

15. À l’école de la Vie **131**

16. Précisions et derniers conseils **137**

17. Le rêve de Dylan **141**

18. Bibliographie **143**

CHAPITRE – 1

L’origine de ce livre

Nous sommes en mai 2015. Je me trouve face à des élèves que je connais depuis plusieurs années. C'est notre dernière leçon de français ensemble. Dans quelques jours la plupart de ces jeunes gens vont entamer leur période d'examens de fins d'études secondaires, obtenir leur diplôme et poursuivre leur chemin en-dehors des murs du lycée hôtelier. Le Luxembourg est petit, le monde est petit, donc je leur demande où je pourrais les rencontrer dans dix ans. La conversation s'anime, les élèves me font part de leur vision quant à la trajectoire que leur existence va prendre dans les années à venir.

C'est dans ce contexte que Dylan pose la question suivante : « **Faut-il poursuivre ses rêves** quand ça paraît si difficile que même vos proches vous mettent en garde ou essaient carrément de vous en dissuader ? » Et il poursuit : « Je suis animé par un rêve, mais on me dit que c'est très risqué, qu'il n'y en a pas beaucoup qui réussissent dans le domaine dans lequel je souhaiterais me lancer. On me dit que je suis encore très jeune, que je manque d'expérience. »

Faut-il poursuivre ses rêves ? Ou bien vaut-il mieux être raisonnable et suivre les conseils ou les mises en garde des autres ? Je réalise que c'est le genre de questions et de réflexions qui préoccupent ces jeunes adultes, mais qu'elles ne sont pas traitées pendant leurs études.

Je livre quelques clés, expliquant pourquoi on éprouve tant de réticences [1] à se faire confiance alors que quand nous étions enfants, nous n'imposions **aucunes limites** à nos rêves. J'indique que les personnes qui réussissent n'ont pas forcément plus de compétences que les autres, mais se distinguent de la masse parce qu'elles ont osé **passer à l'action**. J'évoque **la puissance des mots** que nous prononçons et **des croyances** qui nous habitent. Je mentionne Thomas Edison qui ne s'est pas laissé décourager par toutes les tentatives infructueuses [2] qu'il a connues avant de réussir à mettre au point son ampoule électrique. Je parle des adultes qui sont insatisfaits parce **qu'ils ont fait une croix sur leurs rêves** quand ils étaient plus jeunes.

1 des réticences : des hésitations

2 des tentatives infructueuses : qui n'apportent pas le résultat voulu

Résultat : nombreux se droguent (cigarettes, alcool, nourriture, occupations frénétiques, fuite dans le sexe, accumulation de possessions) comme pour s'anesthésier, sombrer dans une torpeur[1] qui fait oublier momentanément combien **la vie est vide de sens** quand on ne suit pas ses élans[2]. « Je regrette de n'avoir pas eu le courage de vivre ma vraie vie au lieu de celle que les autres voulaient pour moi », est un regret souvent exprimé par les personnes en fin de vie.

Tout à coup la cloche sonne, c'est déjà la fin de la leçon. Je n'ai pas vu le temps passer. La journée de cours est terminée. J'aurais pu continuer à m'entretenir avec la classe, et spécialement avec Dylan, pendant des heures. Je songe à lui offrir un livre de développement personnel pour l'aider à y voir plus clair. Oui, mais lequel ? J'en ai lu beaucoup et ils contiennent tous des pistes intéressantes. Il faudrait regrouper des informations éparses[3] pour permettre à ce jeune d'aller à l'essentiel.

Une idée me traverse l'esprit : « Puisqu'à ma connaissance le livre que j'aimerais offrir à Dylan pour l'aider à trouver des réponses à ses questions n'existe pas encore, c'est moi qui vais l'écrire. »

---

1 la torpeur : absence d'émotions, de dynamisme et d'énergie

2 un élan : mouvement provoqué par une passion

3 des informations éparses : éparpillées, dispersées

Je suis surprise par la vitesse à laquelle cette idée m'est venue: avant d'avoir le temps de parcourir les quelques mètres qui séparent le lycée du parking où se trouve ma voiture, j'ai déjà un **projet de livre** en tête. Je me sens animée par une agréable excitation. Pendant le trajet, les idées affluent en masse.

Aussitôt arrivée à la maison, je m'assieds à mon ordinateur et je prends note des informations que j'ai échangées avec les élèves et de tout ce qui me traverse l'esprit à ce moment-là. Je sais qu'il faut saisir l'inspiration au vol et garder une trace des bonnes idées qui se présentent car si on n'y prend pas garde, elles se volatilisent : elles disparaissent aussi vite qu'elles sont apparues. Or, je sens que je tiens là une occasion unique et je ne veux pas laisser passer ma chance de créer quelque chose d'utile.

Absorbée par d'autres tâches, j'ai laissé ce projet d'écriture de côté pendant quelques mois. Mais par un bel après-midi d'automne, j'ai su que le moment était venu de **concrétiser cette idée** de livre. Il y a des signes qui ne trompent pas. C'est la magie des synchronicités.

Une fois que je m'y suis mise, tout s'est enchaîné de façon rapide et fluide. En avril 2016, j'étais heureuse de pouvoir offrir « mon » livre à Dylan et d'en faire bénéficier tous ceux qui sont animés par de grands projets, mais qui hésitent à se lancer.

Quel est votre rêve ? Réussir professionnellement ? Vous lancer dans les affaires, devenir infopreneur ? Voyager, faire le tour du monde, aller vivre au soleil ? Vivre de votre passion pour la cuisine, la peinture, la musique, la danse, le sport ? Perdre du poids et vous sentir bien dans votre peau ? Gagner une certaine somme d'argent ? Exceller [1] dans un champ d'activité précis ?

Sachez que quel que soit le domaine dans le lequel vous rêvez de réussir (études, travail, santé, famille, relations, amour, loisirs, voyages, finances), **les ingrédients du succès sont toujours les mêmes**. Il n'y a pas de secrets. Il n'y a pas de miracles. Les 10 clés du succès sont faciles à comprendre et simples à appliquer.

J'ai souvent eu affaire à des élèves qui rechignaient à lire un livre parce qu'ils estimaient qu'il était trop volumineux, ennuyeux ou rédigé dans un langage trop difficile. J'ai donc souhaité proposer un **ouvrage clair et succinct** [2].

Les différents chapitres vont droit au but et vous permettront de **vous poser les bonnes questions** concernant ce rêve que vous souhaitez réaliser. Vous serez également amené à dresser un bilan afin de déterminer si votre rêve en vaut la peine ou pas.

Évidemment, en tant que lecteur, vous avez le droit de sauter des pages. Cependant, je vous déconseille vivement de le faire. En

---

1 exceller : produire d'excellents résultats

2 succinct : exprimé en peu de mots

effet, vous risqueriez de passer à côté d'**indices importants** pour évaluer le bien-fondé [1] de votre rêve.

De même, je vous conseille vivement d'écrire votre **CAHIER DE SUCCÈS**. En effet, noter les idées et les réflexions qui vous traversent l'esprit, représente déjà une façon de travailler à la réalisation de votre rêve. Téléchargez gratuitement votre **CAHIER DE SUCCÈS** sur *www.jaiunrêve.com*.

Je vous souhaite une excellente lecture et je me ferai un plaisir de recueillir vos impressions et vos commentaires.

Rendez-vous sur :

www.jaiunrêve.com

contact@jaiunrêve.com

Karin Persuric - Les 10 clés du succès pour les 15-24 ans

1 le bien-fondé : la validité, la pertinence

CHAPITRE – 2

Vous êtes inspiré

Tout le monde est habité par un rêve. C'est votre inspiration qui vous l'a insufflé, parce qu'il s'agit d'un projet en accord avec votre personnalité, vos aptitudes, vos talents, votre potentiel, vos préférences, vos passions, votre besoin de réalisation.

L'inspiration peut faire naître des idées de grande envergure et très ambitieuses, qui vont au-delà de ce que nous considérons raisonnable. Par conséquent, à première vue elles peuvent nous sembler extravagantes, insensées, irréalisables.

D'ailleurs, parfois ces idées nous paraissent si irraisonnables que dans un premier temps nous préférons les ignorer, ne pas y prêter attention. Peut-être avez-vous déjà fait cette expérience : une idée grandiose vous traverse l'esprit et vous enthousiasme, mais elle vous semble tellement farfelue que vous choisissez de l'oublier aussitôt.

Pourtant, vous constatez que cette même idée vous revient régulièrement à l'esprit. Même si vous choisissez de faire la sourde oreille[1], de l'ignorer purement et simplement, de la balayer du revers de la main, sous prétexte que c'est trop grand, trop fou, tout bonnement impossible à réaliser, elle se montre tenace, s'accroche et vous poursuit quelles que soient les objections et la résistance que vous lui opposiez.

1 faire la sourde oreille : faire semblant de ne pas entendre qqch.

Un bon conseil : prenez ces idées tenaces au sérieux ! En effet, le fait qu'elles habitent votre esprit, parfois de façon quasi obsessionnelle, fournit une indication capitale : c'est là que se trouve votre épanouissement. Prenez conscience que les idées qui nous sont insufflées par notre inspiration sont **des indices** qui nous informent des raisons **de notre présence sur Terre**, de notre mission de vie. Les personnes inspirées utilisent souvent l'expression : « Je porte cela au plus profond de moi. »

Ceux qui affirment ne pas avoir de rêve, ne pas savoir pour quoi ils sont faits, ont tout simplement ignoré les messages de leur inspiration. Il est cependant très facile de la réactiver. Repensez par exemple à **vos rêves d'enfants**, quand rien ne vous semblait impossible et que vous étiez capable d'imaginer votre rêve accompli, comme si vous y étiez. Bien sûr, certains

rêves n'étaient que des lubies [1] passagères d'un enfant insouciant et plein d'imagination, mais d'autres vous tenaient vraiment à cœur, à tel point qu'aujourd'hui encore, rien que le fait de vous les remémorer fait vibrer quelque chose en vous.

Une autre façon de trouver votre voie est de vous poser cette question toute simple : « Si j'avais, tout le temps, tout l'argent, toutes les compétences nécessaires, qu'est-ce que je ferais de ma vie ? **Imaginez que vous ne puissiez pas échouer**, qu'il n'existe pas la moindre possibilité d'échec. Si les circonstances vous étaient 100% favorables, que feriez-vous de votre vie, dans quels projets oseriez-vous vous lancer ?

À noter encore qu'un rêve personnel n'est pas forcément quelque chose d'exceptionnel, qui attire l'attention des autres et qui va changer la face du monde. Mais cela peut représenter un objectif important pour vous et dont la réalisation vous apporte bien-être, équilibre, sérénité, joie de vivre.

Ce qui est pratique avec l'inspiration, c'est que vous n'avez pas besoin de vous creuser la tête pour dénicher [2] des idées de génie. Ces idées « vous viennent » spontanément et s'imposent à vous avec insistance pour la simple et bonne raison que parmi les 7,5 milliards de Terriens, vous êtes la personne

1 une lubie : un caprice, une idée fantaisiste et passagère

2 dénicher : découvrir après avoir fait beaucoup d'efforts pour y arriver

la plus apte à réaliser ce projet spécifique. **Ce n'est pas un hasard**. Considérez cette proposition, cette invitation de la part de votre inspiration comme un précieux privilège. C'est exactement ce que j'ai ressenti quand « m'est venue » l'idée d'écrire ce livre sur les clés du succès à l'attention des 15-24 ans.

« DOIS-JE CROIRE EN MES RÊVES ? »

L'ORIGINE DE VOTRE RÊVE

Si votre rêve vous a été insufflé par votre inspiration et qu'il vous habite de façon quasi obsessionnelle, il serait judicieux d'y prêter attention et de le prendre au sérieux.

INDICE N°1

Écrivez dans votre **CAHIER DE SUCCÈS**.
Téléchargez gratuitement votre **CAHIER DE SUCCÈS** sur www.jaiunrêve.com.

CHAPITRE – 3

Vos croyances : « Oui, mais… »

Oui, vous tenez une idée géniale qui vous fait vibrer, un projet qui changerait votre vie, peut-être celle de votre entourage, voire même de milliers ou de millions de personnes, s’il devenait réalité, mais… il y a tant de choses qui s’y opposent.

« **Oui, mais** *je suis trop jeune.* »

« **Oui, mais** *je manque d’expérience.* »

« **Oui, mais** *je n’ai pas le temps.* »

« **Oui, mais** *je n’ai pas assez d’argent.* »

« **Oui, mais** *je n’en suis pas capable.* »

« **Oui, mais** *je n’ai pas le bon diplôme.* »

« **Oui, mais** *je n’y connais rien.* »

« **Oui, mais** *j’ai des obligations.* »

« ***Oui, mais*** *je suis né dans la mauvaise famille.* »

« ***Oui, mais*** *je ne peux pas changer de vie.* »

« ***Oui, mais*** *on me dit que c'est illusoire.* »

« ***Oui, mais*** *ce n'est pas le bon moment.* »

« ***Oui, mais*** *c'est la crise.* »

« ***Oui, mais*** *c'est risqué financièrement.* »

« ***Oui, mais*** *cela va demander trop de travail, trop d'efforts.* »

« ***Oui, mais*** *cela va prendre une éternité.* »

« ***Oui, mais*** *je risque d'échouer.* »

« ***Oui, mais*** *il faut arrêter de rêver et être réaliste.* »

La liste des « ***Oui, mais...*** » est interminable. Cependant, est-ce que toutes ces objections correspondent à la réalité ? Il y a ici un point capital à comprendre : tout ce qui vous fait hésiter à vous lancer provient de **vos croyances**, de ce que vous estimez être possible ou pas. Et la plupart du temps ces croyances sont limitantes parce qu'elles sont basées non pas sur la raison, mais sur **la peur**.

Vous vous êtes forgé [1] des croyances au fil du temps, en fonction des expériences que vous avez vécues ou des expériences

1 se forger une opinion : se construire un avis

dont vous avez pris connaissance à travers vos parents, votre famille, votre entourage, la société dans laquelle vous vivez, les médias.

Or, est-ce que vous êtes sûr à 100% que vos croyances sont bien réelles ? Les avez-vous jamais vérifiées ? Vous qui hésitez à vous lancer dans ce qui représente peut-être le projet de votre vie, êtes-vous prêt à remettre vos croyances en question ? Je vous invite à les passer au microscope de votre esprit critique.

Regardons de plus près les croyances à l'origine de la liste des « ***Oui, mais...*** » énumérés précédemment.

> *Il faut avoir un certain âge pour réussir. Si on est trop jeune, on court droit à l'échec.*

Est-ce vrai ? Si oui, comment est-ce que cet âge a été fixé ? Par qui ? Quand ? Où ? Comment ? Pourquoi ?

> *Si je n'ai pas assez d'expérience, ça ne peut pas marcher.*

Est-ce vrai ? Évidemment vous ne pouvez pas disposer de toute l'expérience nécessaire vu votre jeune âge. Par contre, il existe forcément des personnes qui ont acquis cette expérience et qui peuvent la mettre à votre service.

> *Mon emploi du temps m'empêche de me consacrer à ce qui me fait vibrer.*

Est-ce vrai ? Est-ce que tout ce qui occupe votre journée est utile, important, essentiel ? Ne pourriez-vous pas revoir vos priorités ?

> *Le manque d'argent est le principal obstacle. Gagner de l'argent prend beaucoup de temps. Les banques ne prêtent qu'aux riches. À moins de gagner à EuroMillions, mon projet est mort.*

Est-ce vrai ? Prenez conscience que si votre inspiration vous a insufflé un projet, il existe automatiquement un chemin pour y arriver. Abandonner un projet sous prétexte que vous ne disposez pas de l'argent nécessaire est le signe que vous n'y croyez pas vraiment. Ne dit-on pas que « Quand on veut on peut » ?

> *Je ne suis pas assez bon, pas assez intelligent, pas assez compétent.*

Est-ce vrai ? Qui vous a dit cela ? Et si vous aviez la possibilité de progresser, de vous améliorer, d'acquérir les compétences nécessaires ? Admettons que vous ayez été « nul » jusqu'à présent, qu'est-ce qui vous empêche de changer ?

> *Il faut avoir fait certaines études pour être en mesure de réaliser ses rêves.*

Est-ce vrai ? Il existe des personnes qui ont réussi brillamment dans la vie sans diplôme, d'autres qui on décroché leur diplôme alors que les circonstances ne leur semblaient pas favorables.

Vous avez compris le principe ? Commencez par **prendre conscience** que vous avez l'esprit rempli de croyances qui dictent ce que vous pensez, ce que vous dites et ce que vous faites. Ensuite, osez **remettre vos croyances en question**. Posez-vous tout le temps cette question : « Est-ce que c'est vrai ? » Vous constaterez que pour chacune de vos croyances il existe des exemples qui prouvent le contraire. Vous verrez qu'il y a des personnes qui ont réalisé leur rêve malgré leur jeune âge, malgré le manque de diplômes, malgré le manque d'argent, malgré leurs obligations familiales, malgré les obstacles, malgré les objections de leurs proches.

Retenez ceci : quelles que soient vos croyances, **vous avez toujours raison**. À tel point que vous allez attirer dans votre vie des situations et des expériences qui viendront confirmer vos croyances. C'est la force de la Loi de l'Attraction, que je vous exposerai un peu plus loin.

Vous pouvez choisir de croire que le manque d'argent est un problème et la Vie mettra tout en œuvre pour qu'il en soit ainsi. En revanche vous pouvez tout aussi bien choisir de croire qu'il existe une solution au manque d'argent et dans ce cas-là, votre cerveau se mettra à la recherche de moyens (parfois totalement inattendus) pour vous donner raison. Il paraît que nous avons tous les jours une idée à un million de dollars qui nous traverse l'esprit !

Votre cerveau croit ce que vous lui dites et exécute vos ordres. Ce sont vos croyances qui vous empêchent de croire en vos rêves. Changez de croyances et votre rêve deviendra possible.

SAVENT-ILS À 100% CE QUI EST BON POUR VOUS ?

Les parents souhaitent toujours le meilleur pour leurs enfants, il n'y a aucun doute là-dessus. Leurs conseils et leurs mises en garde visent à éviter échecs, déceptions et fiascos financiers à leurs enfants.

Cependant, vous devez comprendre que les avis qu'ils émettent correspondent aussi à des croyances qu'ils se sont forgées au fil des années et des expériences qu'ils ont vécues, vues ou entendues. Mais est-ce que **leurs croyances correspondent à la réalité** ?

Ce sont peut-être vos parents qui vous ont inculqué [1] qu'il y a un âge pour réussir, qu'il est difficile de trouver l'argent nécessaire pour réaliser ses projets, qu'il vaut mieux faire une croix sur ses rêves et garder les pieds sur terre.

Or, ont-ils jamais tenté ce que vous souhaitez réaliser ? Quelle est leur expérience en la matière ? **Ont-ils concrétisé leurs propres rêves** ou bien les ont-ils abandonnés pour tout un tas de raisons, souvent des raisons extérieures ?

Pour citer un exemple tiré d'un registre comique, dans le film « Le Petit Nicolas », le père répète souvent à son fils que s'il

---

1 inculquer : enseigner, graver dans votre esprit

ne s'était pas marié (raison extérieure : c'est à cause de sa femme), il serait devenu champion de football, champion de natation et même champion de cyclisme. Il s'agit là de rêves qui l'animaient, mais qu'**IL n'a pas eu le courage** de poursuivre.

Est-ce que vos parents nourrissent des regrets pour ne pas avoir poursuivi leurs rêves ? Ou bien affirment-ils que de toute façon c'est mieux comme ça, que ça ne valait pas la peine car c'était impossible ?

Leurs propres croyances vont influencer leur réaction à votre égard. Ainsi, il se peut que quand vous exposez vos projets à vos parents, ils voient immédiatement les problèmes, les difficultés qui risquent de surgir, les obstacles que vous aurez à surmonter. Exposez les mêmes projets à un entrepreneur qui a réussi, à un artiste qui vit de sa passion, à un jeune

qui a fait le tour du monde et voyez leur réaction. Ils vous répondront : **« Ben oui, c'est parfaitement possible. La preuve : je l'ai fait. »**

Je tiens encore à apporter une précision importante : il faut faire la différence entre les conseils sincères et aimants des parents (même s'ils sont fondés sur des croyances qui ne sont peut-être pas 100% vraies) et les **commentaires de la part de ceux qui sont jaloux** parce que vous croyez en vos rêves. Votre enthousiasme les dérange, tout simplement parce que vous avez des chances de réussir alors qu'ils n'ont pas osé suivre leur inspiration. Votre attitude leur renvoie le reflet de leur propre médiocrité [1]. En réalité, leurs mots à votre égard signifient : « Je t'en veux de me rappeler ce que je ne suis pas, et je te critique pour t'empêcher de devenir ce que j'aurais aimé être. »

> Dans 20 ans, vous serez plus déçu par les choses que vous n'avez pas faites que par celles que vous avez faites. Alors sortez des sentiers battus. Mettez les voiles. Explorez. Rêvez. Découvrez.
>
> MARK TWAIN – auteur des *Aventures de Tom Sawyer*, 1835 - 1910

1 la médiocrité : état de ce qui est ordinaire, moyen

C'EST IMPOSSIBLE !

Voilà une déclaration que les frères Wright, pionniers américains de l'aviation, ont dû entendre des centaines de fois quand ils exposaient leur projet d'inventer le premier avion.

Si quelque chose a déjà été réalisé par le passé, c'est bien la preuve que c'est possible : vous pouvez obtenir les mêmes résultats. Et si quelque chose n'a encore jamais été réalisé auparavant, cela ne signifie pas pour autant que c'est impossible : vous serez peut-être le premier à réussir ce que d'autres croyaient impossible. Vous serez un pionnier.

> *Ils ne savaient pas que c'était impossible, alors ils l'ont fait.*
>
> MARK TWAIN

CONCLUSION SUR LES CROYANCES

Quelle serait votre réaction, si on vous invitait à marcher sur le feu ? Personnellement, face à une telle proposition, mon système de croyances me ferait dire que c'est une folie, et je ne m'y risquerais pas. Par contre, il existe de par le monde des milliers de personnes qui ont suivi les ateliers du coach américain Anthony Robbins et qui au bout du quatrième jour ont pratiqué la marche sur le feu, sans endurer aucune lésion [1]. Qu'est-ce que ces personnes ont de plus que vous ou moi ? Des croyances qui leur permettent de réaliser l'impossible.

À présent, qu'est-ce qui vous semble plus fou : marcher sur le feu ou concrétiser votre projet ? Dans les deux cas, ce sont vos croyances qui rendent cette entreprise possible ou impossible. **Choisissez les croyances qui soutiennent vos rêves**.

1 une lésion : une blessure, une plaie

« DOIS-JE CROIRE EN MES RÊVES ? »

VOS CROYANCES

Si vous vous croyez capable de réaliser votre rêve, vous êtes sur la bonne voie, car vous possédez les croyances qui vous feront réussir.

INDICE N°2

Écrivez dans votre **CAHIER DE SUCCÈS**.
Téléchargez gratuitement votre **CAHIER DE SUCCÈS** sur www.jaiunrêve.com.

CHAPITRE – 4

Votre évolution

À ce stade vous n'êtes toujours pas certain si vous devez croire en votre rêve ou pas ? Voici un autre indice qui vous permettra d'évaluer la pertinence de vous accrocher à votre rêve.

Demandez-vous si le rêve qui vous habite va vous permettre d'apprendre, d'acquérir de nouvelles connaissances, de progresser. En effet, nous sommes sur terre pour évoluer, pour grandir. Observez la nature : elle est constamment en expansion. Un arbre qui arrête de grandir finit par mourir.

Nos désirs, nos rêves, nos projets sont **un appel de la Vie pour nous motiver à évoluer**. Nous faisons d'une pierre

deux coups : en cherchant à atteindre notre but, nous passons par des étapes qui nous font grandir. Les choses sont très bien faites, puisque comme il s'agit d'un objectif qui nous tient vraiment à cœur, nous allons faire preuve de motivation et de persévérance [1] au lieu de nous décourager à la première difficulté qui se présente sur notre chemin.

Ainsi **notre détermination sert notre évolution** personnelle. En avançant vers votre rêve, vous allez apprendre à mieux vous connaître, à vous respecter et à vous aimer davantage.

À titre d'exemple, la réalisation de votre rêve vous « obligera » peut-être à vaincre votre timidité, à oser exprimer vos points de vue, à apprendre à gérer votre temps, votre énergie, votre santé, à revoir vos croyances sur l'argent et sur ce qu'il vous est possible ou impossible de réaliser dans la vie. Cela requerra [2] peut-être que vous abandonniez de **mauvaises habitudes** et adoptiez un mode de vie plus sain.

Vous poursuivez votre rêve et chemin faisant vous développez votre capacité à attirer les bonnes personnes, à faire des choix, à respecter des délais, à surmonter des obstacles. Vous

1 la persévérance : qualité d'une personne qui reste déterminée, patiente, malgré les difficultés rencontrées

2 requérir : exiger, nécessiter, il faut que

devenez une personne plus concentrée, plus déterminée, plus ouverte, plus organisée, peut-être plus aimante, plus reconnaissante, plus généreuse. Vous allez devenir « une meilleure version de vous-même ».

> *Ce que l’on obtient en atteignant nos objectifs n’est pas aussi important que ce que l’on devient en les atteignant.* »
>
> **ZIG ZIGLAR** – auteur, conférencier, légende du développement personnel, 1926 - 2012

Votre rêve, c’est un peu la carotte qui fait avancer l’âne. Sans cette motivation, qu’est-ce qui vous pousserait à avancer jour après jour ? Avant même d’atteindre l’objectif que vous vous êtes fixé, vous commencerez à jouir des bénéfices engendrés [1] par votre évolution.

Vous avez la réalisation de votre rêve en tête et parallèlement, l’atteinte de votre objectif vous amène à développer des qualités qui font de vous non seulement un bon entrepreneur, un virtuose, un spécialiste, un expert, mais aussi un bon fils, un bon partenaire, un bon parent, un être humain équilibré et épanoui. C’est un processus qui peut prendre du temps et qui représente tout un cheminement.

1 engendrer un bénéfice : produire, apporter un bénéfice

Vous rêvez peut-être de gagner à EuroMillions pour pouvoir réaliser vos rêves ? Si vous remportiez la cagnotte, accédant du jour au lendemain au statut de millionnaire, en quoi est-ce que cela vous aurait permis de devenir une meilleure version de vous-même ? L’argent aurait été gagné rapidement, sans vous donner l’occasion de passer par différentes étapes préalables destinées à vous faire évoluer. Résultat : vous risquez de perdre votre fortune presqu’aussi rapidement que vous l’avez gagnée parce que vous n’aurez pas eu l’occasion de vous forger une mentalité de millionnaire.

« DOIS-JE CROIRE EN MES RÊVES ? »

VOTRE DÉVELOPPEMENT PERSONNEL

Si la réalisation de votre rêve contribue à vous faire grandir, à créer une meilleure version de vous, il serait dommage de ne pas vous y consacrer en y mettant tout votre cœur.

INDICE N°3

Écrivez dans votre **CAHIER DE SUCCÈS**.
Téléchargez gratuitement votre **CAHIER DE SUCCÈS** sur www.jaiunrêve.com.

CHAPITRE – 5

Être, faire, avoir

Ce qui compte avant tout pour atteindre le succès, c'est la personne que vous êtes en train de devenir. Or dans notre société de consommation, où la valeur d'une personne est jugée à l'aune de [1] ses possessions, nombreux sont ceux qui pensent : « Quand j'aurai ce que je veux, je pourrai faire ce qui me plaît et je serai enfin heureux. » Cela correspond à « avoir » pour « faire » et ensuite seulement « être ». Donc, selon ce point de vue, il faut d'abord posséder des biens ou de l'argent (avoir) pour avoir l'occasion de s'adonner à [2] des activités qui nous correspondent (faire) et jouir du plaisir qui en découle. Et ce n'est qu'une fois ces conditions remplies, qu'on peut se sentir heureux, complet, épanoui (être).

Sachez que les gens qui raisonnent de cette façon ont tout faux, et cela concerne plusieurs milliards de contemporains [3]. Ceux

---

1 juger qqn à l'aune de ses possessions : d'après, en fonction de ses possessions

2 s'adonner à : se consacrer à

3 les contemporains : les personnes qui vivent à l'époque présente

qui réussissent et qui se distinguent de la masse connaissent **la « formule magique » pour atteindre le succès** : il faut d'abord « être », ensuite « faire », et enfin « avoir ». Je m'explique : il faut commencer par être soi-même, être authentique, être à l'écoute de ses besoins, de ses valeurs, des ses désirs, de ses rêves. Être aligné [1] sur ce qui nous correspond vraiment et non pas sur ce que les parents, la famille, la société attendent de nous. Il est nécessaire d'être conscient de nos croyances et de la raison de notre présence sur terre (apprendre et remplir notre mission de vie). Être conscient de notre potentiel illimité, nos seules limites étant celles que nous nous imposons à nous-mêmes à travers nos croyances.

Une fois que vous avez conscience de ce que **vous êtes** réellement, vous allez poser des actes qui sont en adéquation [2] avec vos besoins, vos valeurs, vos désirs, vos rêves. Et quand **vous faites** ce qui vous correspond, ce qui vous passionne, ce qui vous fait vibrer, vous vous sentez en paix, épanoui, serein, confiant, motivé, inspiré. Et c'est à travers votre état d'esprit et vos actions que vous créez les conditions idéales **pour avoir ce que vous voulez** : succès, richesse, abondance, prospérité, ainsi que toutes les possessions qui vous font rêver.

1 être aligné : être en accord avec, correspondre à

2 des actes en adéquation avec vos besoins : en harmonie

Notez qu’au-delà des satisfactions matérielles, vous éprouverez **la joie de vivre** la vie à laquelle vous aspirez [1]. Or, ce bien-être n’a pas de prix. Il vous prémunit [2] contre l’insatisfaction, les tensions, le stress, les dépressions et le burn-out dont souffrent de nombreuses personnes dans le monde professionnel.

L’ordre « être », « faire », « avoir » est capital !

Vous avez certainement déjà entendu parler de la « pensée positive ». Sachez qu’il ne suffit pas de penser, il faut aussi être. Pourquoi est-ce que la pensée positive à elle seule ne permet pas de réaliser ses rêves ? Pourquoi ne suffit-il pas de formuler et de répéter encore et encore ce qu’on veut obtenir ?

Ce que beaucoup de personnes ignorent, c’est qu’on n’attire pas à soi ce qu’on veut, mais ce qu’on est. C’est la **Loi de l’Attraction** qui est à l’œuvre : **on attire ce qui vibre à la même fréquence que nous**. La pensée positive ne suffit pas à produire des résultats car vous pouvez penser succès et richesse et vibrer le doute et la peur de ne pas réussir à atteindre votre objectif.

Ainsi, il faut être un gagnant, avoir une mentalité de gagnant pour avoir une chance de devenir un champion. Tout comme il

---

1 aspirer à qqch. : avoir le désir profond d'atteindre qqch.

2 prémunir qqn: protéger qqn

faut avoir une mentalité de riche afin d'être en mesure d'attirer la fortune. Et j'en reviens au rêve de remporter des sommes astronomiques grâce à EuroMillions. Allez voir les statistiques concernant le nombre de gagnants qui ont tout perdu après quelques années. Que s'est-il passé ?

Ils n'avaient pas une mentalité de riches et ont fait l'expérience correspondant à leurs croyances, par exemple : « Les gens m'aiment uniquement pour mon argent et pas pour qui je suis », « Je me fais toujours arnaquer » ou encore « Les riches sont égoïstes et n'ont pas de morale ». Perdre sa fortune devient dès lors un moyen, généralement inconscient, mis en œuvre par les personnes qui souhaitent mettre fin aux désagréments [1] ou aux défauts qu'elles associent au fait d'être riche.

1 un désagrément : chose qui ne fait pas plaisir, qui donne du chagrin

Pour conclure ce chapitre, retenez que le fait d’imaginer que vous devez d’abord acquérir ceci ou posséder cela pour vous sentir heureux, équivaut à penser qu’il vous manque quelque chose, que vous êtes incomplet. Résultat : vous allez continuer à attirer le manque dans votre vie. C’est la Loi ! Vous utilisez la Loi contre vous et entretenez un cercle vicieux.

« DOIS-JE CROIRE EN MES RÊVES ? »

LA FORMULE QUI MÈNE AU SUCCÈS

Si vous êtes disposé à respecter l'ordre « être », « faire », et enfin « avoir », vous partez avec un sérieux atout pour accomplir votre rêve.

INDICE N°4

Écrivez dans votre **CAHIER DE SUCCÈS**.
Téléchargez gratuitement votre **CAHIER DE SUCCÈS** sur www.jaiunrêve.com.

CHAPITRE – 6

Faites ce que vous aimez

Est-ce que vous connaissez Jordan Casey ? C'est le plus jeune entrepreneur d'Europe : alors qu'il était âgé d'à peine quinze ans, il avait déjà créé deux sociétés. Il s'était lancé dans la conception de jeux vidéos et d'un logiciel destiné à la gestion des informations des classes, tout simplement par passion pour les divertissements et pour la programmation.

Je tiens aussi à vous présenter Moziah Bridges qui est à la tête de l'affaire Mo's Bows. Sa particularité ? Il s'agit du plus jeune chef d'entreprise des États-Unis ! L'idée de lancer son business de nœuds papillon lui est « venue » alors qu'il n'avait pas encore huit ans. Pour lui, tout est parti d'un simple jeu et depuis, il continue à faire des affaires tout en s'amusant.
Que peut-on apprendre de l'exemple de ces deux jeunes entrepreneurs ? Que **la joie et le plaisir** jouent un rôle déterminant dans le succès.

Quand votre inspiration vous insuffle un rêve, vous constaterez qu'il est toujours en rapport direct avec **vos centres d'intérêt**, qu'il vous permet d'exploiter et de développer **des dons** que vous possédez déjà et aussi de vous consacrer plus intensément à **une passion**, voire même d'en combiner plusieurs. Cette concordance est parfaitement logique. En effet, seriez vous disposé à vous lancer avec motivation, détermination et persévérance dans des tâches déplaisantes que vous ne « kiffez » pas ? Pour beau que soit le but à atteindre, quelle que soit la récompense que vous escomptez [1], cela ne suffirait pas à vous tenir en haleine [2] et vous finiriez par baisser les bras.

C'est ce qui explique maints échecs personnels ou professionnels : n'aimant qu'à moitié ce qu'ils font, certains se lancent dans l'aventure sans grande conviction, avec un engagement tiède, redoutant déjà les embûches [3] qu'ils risquent de rencontrer sur leur chemin.

« Il paraît que cette activité rapporte beaucoup d'argent, d'ailleurs untel s'est enrichi en faisant ceci ou cela, je vais donc faire pareil. » « Je vise tel diplôme parce qu'il me garantira beaucoup de débouchés [4]. » Ne vous lancez pas dans une activité qui promet d'être lucrative [5], simplement dans l'espoir de gagner de l'argent. Si cela vous amène à consacrer votre temps et votre énergie à des tâches qui vous indiffèrent, qui vous ennuient ou que vous trouvez rébarbatives [6], vous allez finir par trouver le temps long. Vous ferez partie de ceux qui, quand on leur demande en début de semaine comment ça va,

---

1 escompter une récompense : espérer

2 vous tenir en haleine : maintenir votre motivation

3 les embûches : les obstacles, les difficultés

4 des débouchés : des perspectives ou occasions de carrière

5 une activité lucrative : rentable, qui rapporte de l'argent

6 des tâches rébarbatives : qui n'apportent aucun plaisir

répondent « Comme un lundi ». **Vous ne serez pas aligné**, vous n'exécuterez pas votre travail avec cœur, vous ne donnerez pas le meilleur de vous-même. Par conséquent, vous produirez **des résultats médiocres**[1], sans parler des sentiments d'insatisfaction et de frustration qui vous gagneront.

Par contre, quand vous faites ce que vous aimez, vous êtes emporté par votre entrain, votre **enthousiasme**, les bonnes idées s'enchaînent sans effort, vous ne voyez pas le temps passer, tout absorbé par votre tâche. Quand vous gagnez votre vie en faisant ce que vous aimez, vous n'avez pas vraiment l'impression de travailler.

Une des croyances au sujet des personnes fortunées est celle qu'elles sont matérialistes, que leur soif de richesse est insatiable[2] et que c'est la raison pour laquelle elles amassent encore et encore de l'argent. En réalité, je suis d'avis que nombreuses sont les personnes qui deviennent riches parce qu'elles sont **animées par une passion** qui les a poussées à faire ce qu'elles aiment. Et une fois riches, elles continuent de « travailler », non pas pour augmenter leur compte en banque, mais pour continuer à faire ce qu'elles aiment. Et ce faisant, elles **continuent à s'enrichir**. C'est un cercle vertueux[3].

---

1 médiocre : insuffisant, modeste, sans grand intérêt

2 une soif de richesse insatiable : qui ne peut être comblée, satisfaite, apaisée

3 un cercle vertueux : un enchaînement qui produit des effets positifs

D'ailleurs cette attitude adoptée par les riches infirme[1] une croyance très largement répandue parmi ceux qui ont une mentalité de pauvre, à savoir : « Si j'étais riche, j'arrêterais de travailler ». En fait, il serait plus correct de dire : « J'arrêterais de faire ce que je n'aime pas, pour me consacrer à ce qui me passionne vraiment. »

1 infirmer : remettre en question

« DOIS-JE CROIRE EN MES RÊVES ? »

CONCORDANCE AVEC CE QUI VOUS FAIT VIBRER

Si la réalisation de votre rêve implique d'exploiter les dons que vous avez en vous et de vous consacrer à ce que vous aimez passionnément, qu'est-ce que vous attendez pour vous lancer ?

INDICE N°5

Écrivez dans votre **CAHIER DE SUCCÈS**.
Téléchargez gratuitement votre **CAHIER DE SUCCÈS** sur ***www.jaiunrêve.com***.

CHAPITRE – 7

Votre contribution au monde

Voici un autre aspect important à prendre en compte dans l'évaluation de votre rêve : en quoi est-ce que votre succès sera **bénéfique aux autres ?**

Avez-vous l'intention d'améliorer la vie de votre entourage direct ? Est-ce que vous nourrissez un projet susceptible [1] de vous faire prospérer tout en offrant des biens ou des services utiles à vos semblables [2] ?

Si vous ne visez pas un objectif commercial, vous vous demandez peut-être en quoi est-ce que votre rêve de tour du monde, d'études, de relations harmonieuses, de bien-être, de danse ou de peinture peut faire une différence dans la vie des autres. Vous n'en avez sans doute pas conscience, mais déjà le simple fait d'avoir le courage de suivre votre inspiration et d'avancer pas à pas vers le succès, sans jamais abandonner, peut en **inspirer** plus d'un. À travers votre attitude et votre expérience, vous pouvez représenter **un modèle** qui poussera de nombreuses personnes à croire en leurs propres rêves et à donner le meilleur d'elles-mêmes. Leurs rêves les feront grandir à leur tour, leur permettant d'apporter leur contribution personnelle au monde entier. Une dynamique vertueuse au profit de l'humanité.

---

1 susceptible de : capable de

2 vos semblables : les autres êtres humains

C'est vraiment de cela qu'il s'agit : en devenant une meilleure version de vous-même, à travers toutes les démarches que vous entreprenez pour atteindre vos objectifs, **vous apportez un plus** au monde. Vous ne vous en rendez peut-être pas compte, mais par votre attitude, vous contribuez à plus de bien-être, de joie de vivre, d'enthousiasme, de bienveillance, de respect dans le monde.

> *Soyez le changement que vous voulez voir dans le monde.*
>
> **MAHATMA GANDHI** – père spirituel de l'indépendance indienne et fondateur du concept de non-violence en politique, 1869 - 1948

Souvent, face aux problèmes dans le monde, nous nous sentons impuissants, convaincus que nous n'avons aucun pouvoir à notre niveau. Or, tous ensemble, nous représentons 7,5 milliards de solutions ! Et si c'était de là que pourrait venir le salut [1] de l'humanité ? Et si c'était là le véritable sens du progrès ? Non pas la course à la croissance économique infinie, mais le développement personnel de chacun des habitants de la Terre ?

Sachez encore que donner ne signifie pas s'appauvrir. Au contraire, apprenez que **donner c'est recevoir**. En effet, vous savez désormais que vous attirez ce que vous êtes. Or

1 le salut de l'humanité : ce qui peut sauver l'humanité

quand vous donnez, vous êtes généreux, vous démontrez que vous aimez aider, que vous vous souciez du sort des autres et c’est exactement ce que vous allez recevoir en retour : de l’aide, de la générosité, les bonnes personnes qui apparaissent dans votre vie au bon moment. En faisant profiter les autres, vous êtes confiant qu’il ne vous manquera jamais rien, **vous vibrez des sentiments d’abondance** et attirez automatiquement encore plus d’abondance dans votre vie.

« DOIS-JE CROIRE EN MES RÊVES ? »

VOTRE CONTRIBUTION

Si votre succès peut aider les autres, qu'est-ce que vous attendez encore ?

INDICE N°6

Écrivez dans votre **CAHIER DE SUCCÈS**.
Téléchargez gratuitement votre **CAHIER DE SUCCÈS** sur www.jaiunrêve.com.

CHAPITRE – 8

Soyez clair

« Je veux me lancer dans un projet professionnel, réussir et devenir riche. » Ce genre de formulation est trop vague et ne vous aide pas à mettre en place un itinéraire vers le succès. C’est comme entrer dans une agence de voyage et déclarer : « Je souhaite partir dans un pays lointain, m’amuser et passer de bonnes vacances, le tout pour un prix intéressant. »

L’agent de voyage devra vous poser des questions supplémentaires afin de cerner [1] ce que vous entendez par « lointain », les activités ou les divertissements susceptibles de vous plaire, ainsi que le budget que vous êtes disposé à débourser. Vous devez être clair concernant vos attentes. L’Univers est aussi à votre service, mais il a besoin d’instructions claires de votre part pour vous apporter ce que vous souhaitez.

Je me souviens que lors de notre conversation, Dylan n’a pas souhaité dévoiler la nature exacte de son rêve. Je pensais qu’il s’agissait d’un projet en rapport avec l’hôtellerie, mais en fin de compte, c’est un tout autre domaine qui l’inspirait. Il a eu parfaitement raison de rester vague face à moi et face au restant de la classe. En effet, vous avez tout intérêt à garder vos projets pour vous ou à les confier vraiment seulement à un cercle restreint de personnes en qui vous avez une confiance absolue. Pourquoi ?

1 cerner qqch. : définir, comprendre

Tout d'abord, cela vous épargnera [1] des commentaires inutiles qui risqueraient de semer le doute dans votre esprit et de vous décourager. Ensuite, en cas de projet commercial, cela vous évitera de voir quelqu'un d'autre vous couper l'herbe sous le pied [2] : vous voler votre projet, se l'approprier et vous spolier [3] de votre idée géniale.

En revanche, si vous souhaitez mettre toutes les chances de votre côté, il est indispensable que vous disposiez d'**une description précise de votre projet**. Et pas simplement dans votre tête : couchez votre projet sur papier. Le fait

1 épargner qqch. à qqn : lui éviter qqch.

2 vous couper l'herbe sous le pied : vous devancer, être plus rapide, agir avant vous

3 vous spolier de votre idée : vous déposséder, vous enlever votre idée, vous en priver

d'**écrire noir sur blanc** ce à qui vous aspirez, permet de prendre pleinement conscience de la nature de votre projet et d'en évaluer la cohérence [1].

Déterminez clairement ce que signifie « réussir » à vos yeux et indiquez le voyage que vous rêvez d'entreprendre, les galeries où vous aimeriez exposer, les scènes sur lesquelles vous souhaitez vous produire, la relation idéale qui correspond à vos attentes ou les montants que vous souhaitez voir apparaître dans votre bilan. Les résultats que vous obtiendrez dépendront de votre vision, que vous formulez en fonction de vos croyances.

> *Pour la plupart d'entre nous, le danger n'est pas de viser trop haut et de rater la cible, mais de viser trop bas et de l'atteindre.*
>
> MICHEL-ANGE – artiste florentin, 1475 - 1564

Par conséquent, n'hésitez pas à voir grand. À objectifs médiocres, résultats médiocres. Vous n'aidez personne en rêvant petit.

1 la cohérence : la logique

« DOIS-JE CROIRE EN MES RÊVES ? »

LA CLARTÉ

Si vous savez exactement ce que vous souhaitez atteindre, l'Univers est en mesure de satisfaire votre demande.

INDICE N°7

Écrivez dans votre **CAHIER DE SUCCÈS**.
Téléchargez gratuitement votre **CAHIER DE SUCCÈS** sur www.jaiunrêve.com.

CHAPITRE – 9

Planifiez

Un projet sans plan restera toujours un rêve. Il aura donc peu de chances de se réaliser. Planifier, c'est découper votre projet en étapes.

Documentez-vous, prenez des renseignements sur tout ce qui a un rapport avec votre rêve. Inspirez-vous de personnes qui sont déjà arrivées là où vous souhaitez arriver. Étudiez leur parcours, leur stratégie, les démarches qu'elles ont entreprises, les délais et les coûts liés à votre projet. Imprégnez-vous de votre rêve.

Notez ensuite toutes **les étapes**, les démarches, les actions qui vous semblent nécessaires pour atteindre votre objectif. Écrivez tout ce qui vous passe par la tête. Ne vous souciez pas de l'ordre dans lequel les idées apparaissent, ni de savoir si vous avez les moyens d'entreprendre tout cela. De même, ne vous inquiétez pas de savoir si votre liste est exhaustive [1] ou si vous avez oublié un élément important.

Une fois que vous avez cette liste sous les yeux, estimez **le délai** qui vous semble raisonnable pour accomplir tout ce que vous venez de noter. Dans combien d'années serait-il possible d'atteindre votre but ? Admettons que vous pensez pouvoir faire aboutir votre projet dans trois ans, établissez un échéancier [2] dans lequel vous allez répartir les différentes étapes entre aujourd'hui et la date de la réalisation de votre projet. Vous disposez désormais d'**un plan d'ensemble**.

Le fait d'effectuer cette démarche, de réfléchir à ce que vous comptez entreprendre et mettre en œuvre pour réaliser votre rêve constitue une excellente façon de diriger votre attention vers votre objectif, ce qui en soi contribue déjà à en assurer la réalisation. Vous êtes en train de semer dans la pensée pour récolter dans la réalité. **L'énergie coule là où va l'attention**.

N'attendez pas d'avoir réglé tous les détails de votre plan pour vous lancer. Si vous attendez que votre plan soit complet ou parfait, vous ne passerez jamais à l'action.

---

1 une liste exhaustive : complète

2 un échéancier : plan indiquant les délais dont la date doit être respectée

« Mieux vaut une action imparfaite qu'une parfaite inaction. »

De toute façon, je peux d'ores et déjà vous assurer que votre plan va subir de nombreuses adaptations au fil du temps et c'est tout à fait normal. Vous êtes sur le point de vous lancer dans une aventure que vous n'avez jamais entreprise avant. Par conséquent, vous pouvez seulement imaginer le meilleur chemin à emprunter pour réaliser votre rêve, mais dans la pratique ce sera forcément différent. Il y aura donc des ajustements à faire.

De plus, si vous saviez dès le départ tout ce qui vous attend réellement, la tâche pourrait vous sembler titanesque [1] et vous risqueriez de vous décourager. Or l'Univers cherche à vous faire passer à l'action, pas à vous faire abandonner ce merveilleux projet qui vous a été insufflé par votre inspiration. Soyez confiant que si vous avez été choisi pour mener à bien cette mission, l'Univers a aussi prévu un moyen de vous faire réussir.

1 une tâche titanesque : gigantesque, immense, insurmontable

« DOIS-JE CROIRE EN MES RÊVES ? »

VOUS AVEZ UN PLAN

Si votre rêve est assorti d'un plan comportant des étapes et des échéances, vous vous distinguez déjà de la grande majorité des personnes qui vous entourent.

INDICE N°8

Écrivez dans votre **CAHIER DE SUCCÈS**.
Téléchargez gratuitement votre **CAHIER DE SUCCÈS** sur www.jaiunrêve.com.

CHAPITRE – 10

Bilan avant de continuer

Dans les chapitres précédents, vous avez découvert huit indices destinés à évaluer votre rêve. À vous maintenant de dresser un bilan : **est-ce que votre rêve en vaut la peine** ?

INDICES	OUI	NON
1. Rêve insufflé par mon inspiration, se manifeste de façon répétitive, tenace, obsessionnelle		
2. Je me crois capable de réaliser ce rêve		
3. En poursuivant mon rêve je vais évoluer et devenir une meilleure version de moi-même		
4. Je suis prêt à me concentrer d'abord sur l'être pour ensuite faire et avoir		
5. Mon rêve me permet d'exploiter mes dons et de me consacrer à ce que j'aime vraiment		
6. À travers mon rêve j'apporte un plus aux autres		
7. J'ai déterminé clairement et par écrit ce que je souhaite réaliser		
8. J'ai élaboré un plan avec des étapes et des échéances		

Si tous les feux sont au vert, vous n'avez plus besoin de dire : « J'ai un rêve, mais... ». Affirmez plutôt : « **J'ai un rêve et j'y crois** ». Vous pouvez être sûr à 100% que votre rêve mérite d'être pris au sérieux et que vous êtes en mesure de le réaliser.

Si vous continuez à être envahi par des « Oui, mais... », je vous conseille vivement d'analyser vos croyances. Vous voyez, la première étape pour réaliser votre rêve n'est pas forcément d'avoir un diplôme, de l'expérience ou de l'argent, mais d'adopter les **croyances propices** [1] **à la réussite**. Toutes les circonstances favorables du monde seraient incapables de vous faire réussir si par ailleurs vous vous mettez des bâtons dans les roues [2] à travers vos croyances. Le manque de confiance, de certitude dans votre capacité à atteindre le succès constitue un handicap bien supérieur au manque d'argent, de diplôme, d'expérience.

Si après ce bilan vous répondez par un « **Non, je décide de ne pas croire à mes rêves** », je vous recommande d'être attentif à ce qui va se produire au cours des prochaines heures et durant les jours à venir. Si votre inspiration continue d'insister, de vous harceler, c'est peut-être une invitation à reconsidérer votre décision. Pareil si vous tombez comme par hasard sur des informations en rapport avec votre projet, à

1 des croyances propices à la réussite : favorables

2 mettre des bâtons dans les roues : rendre une tâche plus difficile

travers les médias, à l'occasion d'une conversation ou par le biais[1] d'une rencontre. Peut-être allez-vous inopinément[2] voir une vidéo, entendre parler d'une conférence, d'un atelier ou d'une formation en lien avec votre rêve, alors que vous n'y pensiez plus. Soyez attentif à ces signes.

Si vous arrêtez ici votre lecture, il se peut que vous reveniez à ce livre quand ce sera le bon moment pour vous. Il n'est jamais trop tôt pour vivre ses rêves, mais heureusement il n'est jamais trop tard non plus.

> *Quand l'élève est prêt, le maître apparaît.*
>
> **PROVERBE BOUDDHISTE**

Est-ce que votre rêve en vaut la peine ? Si vous répondez : « Oui ! », alors je vous retrouve au prochain chapitre !

1 par le biais de : à travers, grâce à

2 inopinément : de façon inattendue

CHAPITRE – 11

Agissez

Vous avez décidé de croire en vos rêves ? Alors, il est temps d'agir et vous allez voir combien l'action est source de motivation. En effet, une fois que vous vous lancez, c'est comme un signal que vous adressez à l'Univers : « Regarde, j'ai écouté mon inspiration, j'ai pesé le pour et le contre, j'ai revu mes croyances, je sais que ce projet est bénéfique pour moi, ma famille, mon entourage, et servira des milliers, voire des millions de personnes dans le monde. J'ai dressé un plan avec des échéances. Et voilà, aujourd'hui, **j'effectue le premier pas**. »

Ce premier pas peut être une prise de contact, un coup de fil que vous allez passer, la recherche d'informations, l'inscription à une formation, la lecture d'un ouvrage. Quelle que soit la première action que vous allez entreprendre, sachez que cela aura un véritable impact. En effet, quand vous passez à l'action, vous déclenchez toute une série d'actions et de réactions qui vont vous faire avancer. **L'Univers tout entier va se mettre en branle pour vous soutenir** dans la réalisation de votre rêve. Tout à coup vous allez obtenir les bonnes informations au bon moment, vous allez commencer à rencontrer les bonnes personnes, attirer les bonnes occasions. C'est l'Univers qui vous récompense pour avoir osé croire en votre rêve et qui vous guide pas à pas.

LA LOI DE L'ATTRACTION

Tout est énergie et tout émet une vibration. **Deux vibrations de même nature s'attirent**. Deux vibrations de nature différente ne peuvent coexister au même endroit. C'est la Loi.

Cette puissante loi universelle s'applique tout le temps, partout à tout le monde, **sans exception**. Que vous y croyiez ou pas, que vous le vouliez ou pas, vous attirez dans votre vie ce qui vibre à la même fréquence que la vôtre.

Notre pensée est créatrice. En effet, étant donné que chacune de nos pensées émet une vibration, nous sommes tout le temps en train d'attirer d'autres pensées, des circonstances et des événements de même nature et créons ainsi notre vie. Nous avons en moyenne 60 000 pensées par jour. La qualité de notre vie dépend de la qualité de nos pensées.

Connaître la Loi de l'Attraction nous facilite énormément la vie. Elle nous permet de comprendre comment nous avons créé certaines circonstances dans notre existence. Les personnes qui ne connaissent pas cette loi créent par défaut[1]. Elles n'ont pas conscience de la puissance de leurs pensées. Par contre, celles qui connaissent la Loi, l'utilisent **pour se créer une vie sur mesure**.

Si votre vie ne nous convient pas, vous devez commencer par changer vos pensées. Le secret est de semer dans la pensée pour récolter dans la réalité.

Tout votre avenir dépend des pensées que vous entretenez aujourd'hui. Par conséquent, pour que vos rêves deviennent réalité, vous avez tout intérêt à choisir vos pensées avec le plus grand soin.

AGISSEZ EN ADOPTANT LA BONNE ATTITUDE

Donnez tout ! Engagez-vous à 100%. Ne passez pas à l'action en songeant : « Je vais toujours essayer et puis on verra bien ce que ça donne. » Une telle attitude indiquerait que vous n'êtes pas sûr du résultat, que vous doutez de votre réussite. Ce faisant, vous laissez de la place à l'incertitude, à l'hésitation, à la crainte de ne pas y arriver.

1 par défaut : sans savoir, sans en avoir conscience

Cela revient à exprimer un « Oui, mais... » : « Oui, je me mets en action, mais je risque de me planter[1]. »

> *C'est votre Attitude et non votre Aptitude qui déterminera votre Altitude.*
>
> ZIG ZIGLAR

Pourquoi continuer à nourrir la croyance que vous pouvez échouer ? Remplacez-la par une croyance motivante comme : « Je peux réussir tout ce que j'entreprends. »

Pire encore, vous avez sûrement déjà rencontré des personnes qui entreprennent quelque chose tout en affirmant : « Je fais ça, mais je sais bien que de toute façon ça ne fonctionnera pas. » Cela s'appelle une **prophétie autoréalisatrice** : ce qui est annoncé va effectivement advenir[2]. Faites **attention aux mots** que vous utilisez. En effet, votre cerveau se mettra à chercher les circonstances et vous fera adopter les comportements qui feront que votre prophétie se réalise, et ce, afin de vous donner raison.

La clé de la réussite consiste à se lancer dans ses projets en donnant tout, en s'engageant totalement, sans tergiverser[3].

---

1 se planter : se tromper, échouer

2 advenir : arriver, se produire

3 tergiverser : retarder le moment de prendre une décision

Plus encore, vous devez passer à l'action **avec la certitude de réussir**. Vous devez être tellement sûr de votre succès que vous pouvez déjà imaginer les résultats que vous allez obtenir, ressentir dès à présent la joie, la satisfaction et la fierté qui seront les vôtres quand vous aurez atteint votre objectif.

Vous savez, un bon archer [1] a déjà atteint la cible dans sa tête avant même d'avoir tiré la flèche.

Comme l'archer, considérez vos réalisations comme si elles existaient déjà : entendez les éloges et les félicitations de votre entourage, voyez les visages rayonnants des personnes auxquelles votre succès personnel apportera aussi des bienfaits. Le secret consiste à **faire sincèrement « comme si »**.

---

1 un archer : un tireur à l'arc

Ne raisonnez pas au futur : « Un jour j'aurai atteint mon objectif. Je serai fier du chemin que j'aurai parcouru et je pourrai en faire bénéficier mon entourage. » Conjuguez toutes ces pensées **au présent**, par exemple : « Je suis un chef d'entreprise prospère / un artiste épanoui. Je décroche les contrats qui m'intéressent. Jour après jour mon travail m'apporte fierté et satisfaction parce que je contribue au monde tout en faisant ce qui me plaît vraiment. J'offre de somptueux cadeaux aux êtres qui me sont chers. »

> *La flèche a déjà atteint sa cible avant d'avoir laissé l'arc.*
>
> PROVERBE ZEN

Visualisez dès à présent la situation idéale, la vie de vos rêves. Formulez vos affirmations au présent, répétez-les jour après jour, écrivez-les, afin d'en imprégner votre cerveau. Étant donné que ce dernier croit tout ce qu'on lui dit, tel un fidèle serviteur, il mettra tout en œuvre pour vous donner raison, pour réaliser votre vision.

AGISSEZ DE FAÇON FOCALISÉE

Vous consacrer pleinement à vos projets demande un investissement conséquent en temps. Vous serez donc peut-être amené à mettre certaines activités momentanément entre parenthèses, à faire des sacrifices : **moins de distractions**, moins de sorties, moins de loisirs. Mais dites-vous bien que le jeu en vaut la chandelle, puisque la réalisation de votre rêve vous offrira la vie agréable, passionnante et enrichissante à laquelle vous aspirez. Cela mérite bien quelques sacrifices, non ?

Il est vrai que de plus en plus d’activités futiles et chronophages [1] détournent les masses de l’essentiel et les empêchent de s’investir dans un travail de longue haleine [2]. Conséquence directe : ceux qui s’attellent [3] à la réalisation de leurs rêves et qui agissent de façon focalisée parviennent plus facilement à se distinguer de la masse et à **sortir du lot**. Pendant que d’autres sont affalés dans le canapé pour regarder la télé, consacrent leur précieux temps à des futilités sur les réseaux sociaux ou flânent dans les rues, les personnes concentrées sur leur rêve sont en train d’apprendre, de s’entraîner, de travailler pour gagner. Leurs efforts produisent des résultats, attirent l’attention, et comme elles se font remarquer, elles parviennent à se créer de nouvelles occasions.

Concentrez-vous sur votre objectif, soyez vraiment présent dans ce que vous faites. Je constate à quel point de nos

1 des activités chronophages : qui font perdre beaucoup de temps

2 un travail de longue haleine : qui exige un effort prolongé et soutenu

3 s'atteler à qqch. : entreprendre un travail qui demandera du temps et des efforts

jours jeunes et moins jeunes éprouvent des difficultés à rester concentrés sur la réalisation d’une tâche. Dans notre prétendue société de l’information et de la communication les sollicitations sont permanentes. Même quand vous choisissez de vous adonner sérieusement à un travail, vous êtes constamment distrait par des messages, des offres et des propositions en tout genre.

Par conséquent, pour avancer dans vos projets, fixez-vous des périodes de travail pendant lesquelles vous ne tolérerez aucune distraction. La prétendue capacité à fonctionner en multitask est un leurre [1].

De même, il est faux de croire que le succès vient tout seul ou que c’est une question de chance. Pensez à vos idoles, aux sportifs, aux stars qui remportent de nombreux prix et distinctions. Tous les champions fournissent des efforts pour se hisser [2] à la première place et lorsqu’ils y sont, ils continuent à travailler dur pour y rester.

Alors demandez-vous si vous êtes prêt à vous concentrer sur ce qui compte vraiment pour vous en ce moment, ou si vous allez continuer à vous disperser et vous laisser distraire.

1 un leurre : une idée fausse, qui ne correspond pas à la réalité

2 se hisser à la première place : arriver à la première place grâce à des efforts

Posez-vous **cette question toute simple** : « Est-ce que ce que je suis en train de faire contribue à la réalisation de mes rêves ? » Si la réponse est « non », arrêtez tout de suite et activez-vous pour avancer vers vos objectifs.

> *Chaque seconde que tu passes à penser au rêve d'un autre t'empêche de penser à ton propre rêve.*
>
> ROBIN S. SHARMA – *Le Moine qui vendit sa Ferrari*

Préférez-vous vous intéresser à la vie des autres, aux cancans[1], aux rumeurs concernant des people ? Voulez-vous continuer à consacrer votre précieux temps à regarder des émissions de téléréalité ou au contraire vivre une vie si exceptionnelle, qu'un jour on tournera un film sur votre parcours et votre réussite ?

AGISSEZ CALMEMENT

Vous connaissez l'adage « Doucement, mais sûrement », qui est encore plus complet en italien puisqu'il évoque aussi le fait d'aller loin : « Chi va piano, va sano e va lontano. » Travaillez calmement à la réalisation de vos projets, faites-le

1 les cancans : potins, commérages, bavardages médisants

le plus rapidement et le plus efficacement possible, mais sans vous hâter [1] inutilement.

Je sais que l’impatience est caractéristique de notre société : nous avons tendance à tout vouloir tout de suite, tendance qui soit dit en passant est exacerbée [2] par la société de consommation, pour nous faire dépenser encore et encore.

Or l’impatience est mauvaise conseillère [3], car vouloir accélérer les choses ne fera finalement que retarder la réalisation de vos désirs. C’est très simple à comprendre : vous attirez l’équivalent de ce que vous êtes. Par conséquent, **vibrer de l’impatience** équivaut à dire qu’il vous faut absolument un résultat pour combler un manque, une insatisfaction, un vide. Résultat : vous allez attirer plus de manque, d’insatisfaction, de vide dans votre expérience et donc vous subirez des **délais plus longs**. Cela peut se traduire par une réponse que vous tardez à obtenir, votre dossier qui se paume [4] au sein d’une administration, des imprévus qui rallongent les délais de livraison etc. etc.

1 sans vous hâter inutilement : sans vous dépêcher, sans vous presser

2 exacerber : intensifier

3 l'impatience est mauvaise conseillère : elle risque de vous faire prendre des mauvaises décisions

4 votre dossier se paume : il se perd, il est égaré

Rappelez-vous que l'attitude adéquate à adopter est de considérer que vos rêves sont déjà réalisés. **Faites « comme si »** ! En vibrant le calme et la confiance, vous avancez sereinement vers la réalisation de vos objectifs. Songez à l'exemple de Walt Disney et de son fameux Disneyland : quinze années se sont écoulées entre la naissance de son rêve de créer le plus merveilleux endroit de la terre et l'ouverture du parc le 17 juillet 1955.

Franchement, n'essayez pas de forcer ou d'accélérer les choses, car cela ne ferait que vous desservir [1]. Tout comme votre inspiration et votre intuition vous guident vers ce qui est bon pour vous, il y a des signes qui indiquent que vous êtes en train de vous fourvoyer [2] : ce sont **l'agitation intérieure**, les soucis, le stress.

1 vous desservir : vous nuire, vous causer du tort

2 se fourvoyer : prendre un mauvais chemin, se perdre, s'égarer

Imaginons que vous soyez pressé et que vous choisissiez d’entreprendre certaines démarches en espérant que cela vous permettra d’avancer plus vite vers la concrétisation de votre rêve.

Si vous sentez que cela génère de l’inconfort dans vos pensées et jusque dans votre corps, à travers des sensations désagréables (contractions, crispations, palpitations), tenez-en compte. En effet, cela signifie que vous n’êtes pas sur la bonne voie.

Libre à vous d’ignorer ces indices et de continuer à vous obstiner : vous verrez par vous-même si votre « raccourci » vous aura réellement permis d’avancer plus vite. Vous savez, vous êtes libre d’agir comme bon vous semble car finalement, nous sommes là pour apprendre et c’est en tombant qu’on apprend

à marcher. Toute déconvenue[1] vous apporte une expérience supplémentaire et, en fin de compte, vous fait avancer.

Quand vous êtes face à des choix, agissez calmement. Adressez-vous à votre intuition et demandez-lui simplement : « Quelle décision dois-je prendre ? » ou « **Guide-moi** ». Demandez et vous recevrez une réponse. Les informations dont vous avez besoin peuvent se manifester sous forme de **synchronicités** : ce sont des hasards, des coïncidences qui **ont un sens pour vous** parce qu'elles apportent une réponse à votre question, alors qu'elles n'auront strictement aucune signification particulière pour les autres gens autour de vous.

Vous serez par exemple interpellé par une inscription sur un t-shirt, le refrain d'une chanson, un mot sur un panneau publicitaire, l'évocation d'un fait divers dans les médias, le titre d'un livre ou d'une formation, des informations qui tombent à point nommé[2] pour vous. Ces petits messages, ces clins d'œil ont la particularité de vous remplir de joie parce que vous vous dites : « O.K., je suis sur la bonne voie ». De plus, vous aurez l'agréable sensation de ne pas être seul, d'être guidé, de bénéficier d'une aide précieuse. Ne vous étonnez pas de vous sentir particulièrement ému et reconnaissant de ce qui vous arrive dans ces moments-là.

1 une déconvenue : déception due à un insuccès, à une erreur

2 tomber à point nommé : se produire au bon moment

SOYEZ FLEXIBLE

Ne tombez pas dans le piège qui consiste à croire qu'il n'y a qu'une seule façon de réaliser votre rêve et qu'il n'existe qu'un seul chemin pour y arriver. Parfois, les choses ne se passent pas comme vous l'aviez prévu.

Vous vous mettez en action et après un certain temps (quelques semaines ou quelques mois) vous avez l'impression de vous trouver **dans une impasse** [1]. Vous avez suivi l'invitation de votre inspiration, écouté votre intuition, entrepris les démarches qui vous semblaient logiques et pourtant vous vous trouvez comme face à un mur. Vous avez

1 se trouver dans une impasse : situation difficile qui semble impossible à résoudre

beau chercher des solutions pour continuer d'avancer, mais votre projet semble définitivement **bloqué**, vous ne voyez pas d'issue.

Ne baissez pas les bras, ne vous laissez pas envahir par des sentiments négatifs, ni par des pensées du genre : « Je savais bien que ça allait foirer [1], la preuve ! » Je peux vous assurer que ce n'est qu'un passage, pas la fin de votre rêve.

Quand vous entreprenez un voyage, une route barrée sur votre itinéraire initial ne signifie pas que ce voyage était une mauvaise idée, ni la fin de l'aventure. Vous n'allez pas faire demi-tour et rentrer chez vous. Non, vous allez essayer de trouver un autre chemin qui vous permettra d'atteindre votre destination. Vous faites preuve de bon sens et de flexibilité.

Si vous avez été inspiré, que votre projet vous fait vibrer, il n'y a pas de raison pour que ça foire. Adressez-vous tout simplement à votre inspiration et demandez-lui conseil. Faites-le dans une attitude réceptive [2] et humble [3], pas sur le ton de la colère ou du reproche. Vous allez très probablement recevoir de nouvelles indications.

1 foirer : échouer, rater

2 dans une attitude réceptive : de façon ouverte, avec la volonté d'écouter

3 humble ≠ arrogant, prétentieux

Lorsqu'une porte se ferme, il y en a une qui s'ouvre. Malheureusement, nous perdons tellement de temps à contempler la porte fermée, que nous ne voyons pas celle qui vient de s'ouvrir.

ALEXANDER GRAHAM BELL – ingénieur connu pour l'invention du téléphone, 1847 - 1922

Pourquoi cet obstacle sur votre trajectoire ? En fait, ce que vous avez entrepris jusque là était parfait, mais cela ne correspondait pas à 100% à ce qui vous convient vraiment, du moins pas tout de suite. L'impasse était destinée à vous arrêter pour vous **guider vers un autre chemin**.

Peut-être que votre projet initial était si grand qu'il est préférable de passer d'abord par **un projet intermédiaire** qui vous permettra de connaître le succès, d'engranger [1] de l'expérience et de revenir mieux outillé [2] à votre projet initial.

L'itinéraire sera différent, mais votre rêve reste le même : vibrer et vous épanouir en entreprenant ce qui vous correspond.

Cela ne signifie pas que ce que vous avez entrepris avant d'en arriver là était inutile et sans valeur. Au contraire, vous

1 engranger de l'expérience : accumuler une expérience qui pourra être utile plus tard

2 mieux outillé : mieux équipé

avez prouvé que vous étiez disposé à vous faire confiance et à agir pour concrétiser vos rêves. Et vous pouvez êtes sûr d'une chose : tant que vous ne seriez pas passé à l'action, **cette nouvelle voie** ne se serait pas révélée à vous. En faisant preuve de flexibilité vous démontrez votre confiance et votre détermination.

Une fois que vous que vous aurez une vision claire de votre nouvel itinéraire, vous n'aurez qu'une envie : vous remettre en action.

Écrivez dans votre **CAHIER DE SUCCÈS**.
Téléchargez gratuitement votre **CAHIER DE SUCCÈS** sur *www.jaiunrêve.com*.

CHAPITRE – 12

L’échec n’existe pas

« ÇA MET TROP DE TEMPS »

Oui, à certains moments vous pourrez être assailli [1] par le sentiment que vous mettez tout en œuvre pour réaliser vos objectifs, mais que les résultats tardent à venir. Ne vous montrez pas impatient. Bien que les raisons de certaines situations puissent nous échapper, **tout a un sens**, même le fait que l’avènement de vos rêves mette plus de temps que ce que vous aviez planifié. Soyez confiant : **l’Univers sait** mieux que nous ce qui est bon pour nous.

Ainsi, si les résultats tardent à se manifester, c’est peut-être parce que d’autres aspects de votre vie requièrent votre attention. Les choses se font toujours dans l’ordre, même si ce n’est pas l’ordre qu’on avait prévu. Peut-être est-il de votre intérêt de régler quelque situation conflictuelle avant de récolter les fruits des efforts que vous avez fournis pour réaliser votre rêve. Ainsi, le moment venu, vous pourrez jouir [2] pleinement de votre succès, sans qu’il y ait une ombre au tableau [3].

Réfléchissez à ce qui pourrait constituer **un blocage** à votre réussite. Est-ce que vous négligez votre santé ? Avez-vous

1 être assailli : être affecté, accablé, affligé

2 jouir pleinement de votre succès : en profiter totalement

3 sans qu'il y ait une ombre au tableau : sans aucun point négatif

un différend[1] à régler avec une personne de votre entourage, votre mésentente persistante pouvant gâcher votre joie le jour où vos rêves deviendront réalité ? Y a-t-il encore des croyances qui vous bloquent et qui pourraient vous empêcher d'apprécier pleinement le succès auquel vous aspirez ?

Êtes-vous confronté à des problèmes que vous pensez pouvoir régler simplement en gagnant plus d'argent ? L'argent est un amplificateur, il ne fait que renforcer ce qui existe déjà. Donc, dans certains cas, problèmes + argent = problèmes encore plus grands. Si vous faites face à des difficultés dues par exemple à une mauvaise gestion de vos finances, à votre propension[2] à jeter l'argent par les fenêtres, vous rencontrerez les mêmes difficultés quand vous aurez plus d'argent à votre disposition. La seule différence, c'est que les dégâts seront encore plus importants.

Et puis sachez encore qu'aussi curieux que cela puisse paraître, parfois c'est **la peur de réussir** qui bloque la réalisation de vos rêves. En effet, il se peut qu'inconsciemment vous craigniez que votre succès n'entraîne des conséquences négatives comme des jalousies, davantage de responsabilités ou des changements pour lesquels vous ne vous sentez pas encore prêt. Ne

1 un différend : un désaccord

2 votre propension à jeter l'argent par les fenêtres : votre tendance à gaspiller de l'argent, votre penchant pour les dépenses immodérées

pas réussir constitue une façon de vous protéger de ce qui vous fait peur. La solution consiste à revoir vos croyances.

Comme d’habitude, demandez, posez vos questions et vous recevrez une réponse : « Pourquoi est-ce que cela met tant de temps ? Que dois-je apprendre ? » La réponse vous parviendra, c’est sûr. En attendant, n’abandonnez pas.

« JE N’OBTIENS QUE DES ÉCHECS »

Vous ne récoltez que des « non » ? D’accord, c’est dur à encaisser[1], mais cela ne signifie pas que votre rêve est impossible et que vous devez faire une croix dessus. Savez-vous combien de fois J.K. Rowling s’est vu refuser le manuscrit d’Harry Potter à l’école des sorciers avant d’être publiée ? La réponse est : douze !

Tous ces « non », n’ont pas découragé l’auteur britannique, qui avait commencé à écrire à l’âge de six ans, de réaliser son rêve. Imaginez si J.K. Rowling avait abandonné après le douzième refus. Harry Potter ne serait pas devenu ce succès planétaire, avec 400 millions d’exemplaires vendus au total pour les sept volumes de la saga.

1 encaisser un refus : subir, endurer, supporter, accepter

Vous souhaitez vivre de votre passion, réussir professionnellement, ou encore voyager, partir à l’aventure, ou simplement être heureux et épanoui et tous vos efforts semblent vains [1] ? Ce n’est pas une raison d’abandonner. En effet, un « non » signifie simplement « **continue, mais autrement** ».

Non, vous n’avez pas employé la bonne méthode :
→ cherchez d’autres façons de faire, explorez de nouvelles pistes.

Non, vous ne disposiez pas de tous les renseignements nécessaires :
→ complétez vos recherches.

Non, vous ne vous êtes peut-être pas adressé à la bonne personne :
→ cherchez d’autres contacts, d’autres experts, d’autres conseillers, d’autres partenaires.

Non, ce n’était pas le bon timing :
→ revoyez vos échéances, cherchez un moment plus propice.

Non, vous n’étiez pas au bon endroit :
→ changez de lieu pour développer votre affaire ou faire connaître vos talents.

1 des efforts vains : qui ne produisent pas l'effet souhaité

Non, le produit ou le service que vous souhaitez commercialiser ne convient pas :

→ apportez les améliorations qui vous semblent adéquates.

Non, vous n'avez pas tout donné :

→ décidez que ce projet représente vraiment votre priorité et engagez-vous à 100%.

Tirez les leçons qu'il y a à tirer des refus, et poursuivez. Cherchez, adaptez, modifiez, améliorez, ajustez, complétez, réessayez, recommencez, mais **n'abandonnez pas**.

> *Tout obstacle renforce votre détermination. Celui qui s'est fixé un but n'en change pas.*
>
> LÉONARD DE VINCI – artiste, scientifique, inventeur, philosophe, écrivain, 1452 - 1519

Peut-être voudrez-vous baisser les bras après cent tentatives infructueuses [1]. Et si la 101e était la bonne ? Saviez-vous qu'il avait fallu plus de mille essais à Thomas Edison pour mettre au point son ampoule électrique ? Il est **toujours trop tôt pour abandonner un rêve** qui vous tient à cœur, qui vous fait vibrer, qui vous permet de grandir et d'apporter votre contribution. Soyez prêt à faire un effort supplémentaire. Décidez de faire partie des **3% de personnes qui**

1 des tentatives infructueuses : qui n'apportent pas le résultat voulu

n'abandonnent JAMAIS. N'abandonnez pas alors que les circonstances étaient peut-être juste sur le point de vous être favorables.

« JE SUIS DÉCOURAGÉ »

Acceptez ce que vous ressentez ! Se sentir découragé, démotivé, désespéré est un signal très utile. N'essayez pas d'ignorer ou de refouler [1] vos émotions. Elles sont précieuses, car elles vous indiquent que vous n'êtes pas en accord total avec votre rêve et qu'il est temps de procéder à des ajustements [2]. Voici quelques pistes pour mettre toutes les chances de réussite de votre côté.

Écrivez ! Écrivez tout ce qui vous passe par la tête : votre rêve, vos démarches, les résultats que vous avez obtenus jusqu'à présent, vos sentiments, votre frustration, votre colère, les causes des blocages, vos envies... Cet exercice vous permettra peut-être de mettre en lumière des éléments dont vous n'aviez pas conscience. C'est également une façon d'évacuer le trop-plein de tensions.

1 refouler : étouffer, s'empêcher de ressentir qqch.

2 des ajustements : des adaptations

Clarifiez ! Est-ce que vous savez vraiment ce que vous voulez ? Est-ce que vous désirs sont contradictoires ? Sachez que vous ne pouvez pas regarder dans deux directions opposées en même temps. Si vous voulez à la fois du bleu et du jaune, vous n'obtiendrez ni l'un ni l'autre : vous aurez du vert.

Soyez aligné ! Pour que votre rêve devienne réalité, il faut que vos pensées, vos paroles et vos actions soient en parfaite cohérence, parfaitement alignées, dirigées dans la même direction.

Faites un tableau de visualisation ! Collez sur une affiche des images, des textes et des symboles en lien avec votre rêve. Il existe aussi des outils de création en ligne. Affichez vos tableaux de visualisation chez vous, au travail, en fond d'écran, afin de ne pas perdre de vue la vie que vous voulez vous créer. Chaque fois que votre regard se pose sur vos tableaux, vous vous connectez à votre rêve et vous augmentez vos vibrations. Choisir les éléments que vous souhaitez faire figurer sur vos créations vous aide à clarifier ce que vous voulez vraiment.

Soyez honnête avec vous-même ! Est-ce que vous avez vraiment écouté votre inspiration et suivi vos intuitions ? Ou bien avez-vous ignoré leurs messages parce qu'ils ne vous plaisaient pas, préférant n'en faire qu'à votre tête ? Est-ce que vous n'avez vraiment pas entendu les conseils et les avertissements ou est-ce que vous n'avez pas voulu les entendre parce que cela ne vous convenait pas ?

Déterminez qui est à l'œuvre[1] **!** Si c'est votre inspiration qui vous pousse à agir, vous vous sentez confiant, aidé, guidé, de bonne humeur, motivé, plein d'entrain. Vous vibrez la joie de vivre, le bien-être, la sérénité, l'enthousiasme, la générosité. Vous êtes porté par le courant de la Vie et les étapes s'enchaînent de façon fluide. Par contre, si votre rêve est dicté par votre ego, vous n'agissez pas pour vous épanouir, mais pour devenir quelqu'un aux yeux des autres. Vous recherchez votre bonheur à l'extérieur de vous. Vous vous épuisez à courir après quelque chose qui ne vous correspond pas et vous finissez par vous sentir découragé.

Faites tous les jours de votre mieux ! Ni plus ni moins. Inutile de vous surmener ou de vouloir forcer les choses pour atteindre plus vite votre rêve. C'est une perte d'énergie inutile. Le temps de gestation est de neuf mois pour un bébé. Respectez le temps qu'il faut à votre rêve pour voir le jour. Fatigue, migraines, blessures, contretemps, pire, maladies et accidents vous indiquent que vous en faites trop, que vous vous fourvoyez[2], que vous n'êtes pas sur la bonne voie.

Respectez le principe du rythme ! L'énergie change en fonction des saisons, des phases de la lune et même selon les jours de la semaine. Votre énergie connaît aussi des

---

1 qui est à l'œuvre : qui est en train d'agir

2 se fourvoyer : prendre un mauvais chemin, se perdre, s'égarer

fluctuations naturelles. Respectez-les : il y a des moments où vous êtes capable d'enchaîner les tâches sans vous fatiguer, et d'autres où il est préférable de lever le pied [1]. Ces variations d'énergie ne sont pas une raison de vous décourager.

Exprimez votre gratitude ! Certes, vous visez plus haut, vous aspirez à une vie plus épanouissante qu'elle ne l'est aujourd'hui. Cependant, cela ne doit pas vous empêcher de voir à quel point vous êtes déjà privilégié. Exprimez tous les jours votre gratitude pour tout ce que vous avez déjà dans votre vie. Oui, prenez conscience que le simple fait de pouvoir respirer sans assistance médicale est déjà une énorme chance. Le fait de jouir de vos cinq sens représente déjà un cadeau d'une valeur inestimable ! Si vous n'appréciez pas les bienfaits que la Vie vous offre quotidiennement, pourquoi devrait-elle vous en offrir davantage ?

Le bonheur c'est maintenant ! N'attendez pas d'avoir réalisé votre rêve pour être heureux. Penser que votre vie sera meilleure plus tard, c'est émettre une vibration de manque et donc cela équivaut à attirer plus de manque dans votre vie.

Augmentez vos vibrations ! Évidemment, vous ne pouvez pas passer du découragement à l'enthousiasme d'un claquement de doigts. Par contre, vous pouvez décider de vous sentir

1 lever le pied : ralentir, faire plus doucement

un tout petit peu mieux. Vous avez le pouvoir de changer de vibration en choisissant des pensées ou des actions qui vont vous faire monter au moins d'un cran sur l'échelle des émotions.

Pensez par exemple à un souvenir agréable, aux personnes qui vous soutiennent ou à vos prochaines vacances. Lisez des affirmations pour vous mettre dans une autre état d'esprit comme : « J'ai une vie épanouissante, pleine de défis à relever. » Relisez un passage d'un livre inspirant, appelez un ami, écoutez une chanson rythmée, sortez, allez marcher ou faire du sport, connectez-vous à la nature, faites de la musique, dansez, chantez, donnez un coup de main à votre famille ou à un inconnu.

Prenez cela comme un jeu : faites exactement le contraire de ce que ferait une personne découragée. Acceptez le découragement comme faisant partie de la vie, mais choisissez maintenant si vous voulez continuer à le nourrir ou si vous souhaitez passer à autre chose.

CONCLUSION SUR L'ÉCHEC

Si vous êtes réellement en route vers votre rêve, vous pourrez être amené à ralentir, à faire des pauses, à vous arrêter le temps de réfléchir, de faire des ajustements et de reprendre des forces. Cependant, vous n'abandonnez jamais face à ces épisodes qu'on qualifie d'échecs. Tout simplement parce que ce rêve qui vous fait vibrer est vital pour vous, au même titre que l'air dans vos poumons. Si vous arrêtez de respirer, vous mourez. **Si vous abandonnez votre rêve, vous dépérissez**[1]. Regardez autour de vous. Combien de personnes vibrent l'enthousiasme et la joie de vivre ? Et combien fonctionnent comme des automates, comme des morts vivants ?

1 dépérir : perdre de ses forces, s'affaiblir progressivement

> *Certaines personnes meurent à 25 ans , mais ne sont pas enterrées avant 75 ans.*
>
> **BENJAMIN FRANKLIN** – l'un des pères fondateurs des États-Unis d'Amérique, scientifique, inventeur du paratonnerre, 1706 - 1790

L'échec n'existe pas. Vous n'échouez jamais, vous produisez simplement des résultats qui vous font avancer vers votre rêve. Ceux qui ne tentent rien ont perdu d'avance. Par contre, ceux qui agissent récoltent tôt ou tard ce qu'ils ont semé. La ténacité [1], la persévérance finissent toujours par payer.

> *L'heure la plus sombre est celle qui vient juste avant le lever du soleil.*
>
> **PAULO COELHO** – *L'Alchimiste*

Écrivez dans votre **CAHIER DE SUCCÈS**.
Téléchargez gratuitement votre **CAHIER DE SUCCÈS** sur www.jaiunrêve.com.

1 la ténacité : le fait de poursuivre ses objectifs sans abandonner

CHAPITRE – 13

Les 10 clés du succès

1 **origine** : votre rêve vous a été insufflé par votre inspiration.

2 **croyances** : vous croyez en vous, vous savez que vous êtes capable de réaliser votre rêve.

3 **développement personnel** : vous vous améliorez jour après jour, vous devenez une meilleure version de vous-même.

4 **formule magique** : être, faire, avoir ; vous êtes aligné sur ce qui vous correspond, vous faites des actions inspirées et vous obtenez les résultats dont vous rêvez.

5 **enthousiasme** : votre rêve vous fait vibrer, vous ressentez un désir ardent d'exploiter vos dons et vos talents, de faire ce que vous aimez.

6 **contribution** : vous offrez vos talents au monde, votre parcours est inspirant.

---

7 **clarté** : vous avez une vision claire, écrite noir sur blanc, de ce que vous souhaitez réaliser ; une vision si claire que vous pouvez déjà voir, entendre, sentir votre succès, comme si vous y étiez.

---

8 **planification** : vous avez établi un plan avec des étapes et des échéances.

---

9 **action** : vous agissez en vous engageant à 100%.

---

10 **détermination et persévérance** : vous n'abandonnez jamais face aux obstacles et aux échecs, quitte à devoir revoir votre plan et vos échéances.

CHAPITRE – 14

Il n'y a qu'un seul rêve !

En réalité, votre rêve n'est pas de décrocher tel diplôme. Votre rêve est de vous épanouir dans un métier auquel votre diplôme vous donnera accès.

En réalité, votre rêve n'est pas de faire le tour du monde. Votre rêve est de nourrir votre curiosité, votre soif de découverte et d'aventure, votre envie de contact et d'échange.

En réalité, votre rêve n'est pas devenir chef d'entreprise. Votre rêve est d'exploiter vos talents de leader et de manager. En faisant ce qui vous correspond, vous contribuez à la société en offrant un bien ou un service utile et en créant des emplois.

En réalité, votre rêve n'est pas de gagner beaucoup d'argent pour gâter ceux que vous aimez. Votre rêve est de vibrer ce que vous êtes : l'abondance, la générosité, l'amour.

L'objectif d'un rêve n'est pas d'être réalisé. En réalité, toute votre vie n'a qu'un seul objectif : vous réaliser, vous épanouir, **vous accomplir**, dans le sens d'être complet, utiliser toutes vos qualités, être qui vous êtes.

Le bonheur, c'est tout ce qui vous permet d'**incarner pleinement qui vous êtes** en faisant l'expérience de la vie.

En réalité, vous n'agissez pas pour accomplir un rêve, mais **pour être vous-même** : « Je fais cela, parce que cela me correspond. Quand je fais ça, je suis moi ! »

En adoptant cette attitude, vous ne pouvez jamais échouer.

> *Le succès consiste à faire quelque chose de tout son cœur et le plus sincèrement possible.*
>
> BRUCE LEE – acteur, réalisateur, philosophe, instructeur d'arts martiaux, 1940 -1973

CHAPITRE – 15

À l'école de la Vie

Le livre que vous tenez entre le mains représente une application concrète de ce que vous avez pu lire dans les chapitres précédents.

Tout d'abord, si aujourd'hui j'exerce le métier d'enseignante, c'est parce que j'ai choisi d'écouter mes désirs et d'être **alignée** sur ce qui me correspondait vraiment. Le parcours que j'ai entrepris pour finalement aboutir à ce choix de carrière n'a pas été des plus simples, mais j'ai conscience que **chaque étape avait sa raison d'être** parce qu'elle m'a permis d'évoluer.

Cette idée d'écrire un livre pour Dylan et à l'attention d'autres adolescents et jeunes adultes semble avoir jailli de nulle part. Mais à bien y réfléchir, cela n'a rien d'étonnant : mon inspiration me l'a proposée, parce que cela me correspond et me permet d'exprimer qui je suis. Cela fait de nombreuses années que je m'intéresse aux clés du succès, j'aime lire, écrire, transmettre, m'exprimer en public. Par conséquent, je n'ai pas hésité à saisir cette occasion au vol et à accepter cette belle invitation.

Je trouve cela magique la façon qu'a eue la Vie de tout agencer à la perfection pour m'offrir l'occasion d'écrire ce livre : je me suis retrouvée à un moment donné, à un endroit précis, face à un élève qui m'a posé une question spécifique, et cela a provoqué un déclic. J'étais invitée à écrire un livre de développement personnel à l'attention des 15-24 ans. Quel privilège que cela soit « tombé » sur moi !

C'est comme si l'Univers avait savamment orchestré des millions de détails depuis ma naissance pour que vous teniez ce livre entre les mains aujourd'hui, comme si **toutes mes expériences** passées **convergeaient** vers cette situation.

Le plaisir et l'excitation que j'ai ressentis à l'élaboration du manuscrit m'indiquaient clairement que j'étais bien à ma place. Tout comme **la fluidité** et la facilité avec laquelle tout s'enchaînait pour mener à bien ce projet. J'écrivais et en même temps **je m'imaginais déjà** des lecteurs ravis de trouver exactement l'information qu'il leur fallait pour avancer vers la réalisation de leurs rêves. Et tout au long de ce parcours j'ai croisé des **synchronicités**, comme des clins d'œil de l'Univers pour me confirmer que j'avançais dans la bonne direction, alimentant ainsi ma motivation.

Pourtant, c'est dans les larmes que j'ai terminé la première édition de ce livre. J'avais un tas d'idées pour en faire la promotion, mais deux mois après sa publication, **tout s'est arrêté net**. Le fait est que les choses se font toujours dans l'ordre et il se trouve que j'avais une situation familiale très challengeante à régler.

Vous vous souvenez ? **Il n'y a qu'un seul rêve : être soi-même**. Une relation de couple peut aussi être une occasion de s'écouter, de se respecter, de suivre ses élans intérieurs, d'analyser ses croyances limitantes et d'apprendre à ne plus avoir peur. J'ai donc accueilli cette expérience de vie qui réclamait toute mon attention et toute mon énergie. Mon activité « d'auteur » allait devoir attendre. Ainsi, j'ai mis « mon » livre entre parenthèses pendant presque deux ans. Il avait le mérite d'exister et je savais que m'y consacrerais de nouveau avec enthousiasme quand ce serait le bon moment. C'est-à-dire MAINTENANT, en 2018 !

CHAPITRE – 16

Précisions et derniers conseils

Je vous avais promis un livre clair et succinct destiné à vous aider à reconnaître les occasions à côté desquelles il ne faut pas passer dans la vie. Considérez ce livre comme une introduction à l’univers fabuleux du **développement personnel** et de la reconnaissance de qui vous êtes vraiment. Mon objectif était de vous mettre le pied à l’étrier [1].

Je tiens à préciser qu’en ce qui concerne les clés du succès, je n’ai rien inventé. De nombreux auteurs ont écrit sur le sujet avant moi. Mon objectif était de rendre ces informations accessibles aux 15-24 ans.

Évidemment il y aurait encore tant à dire sur le sujet, tant de précisions à apporter, mais cela ne sert à rien de vouloir tout vous exposer. Maintenant, c’est **à vous** qu’il revient **de décider** si vous souhaitez en rester là ou si vous avez envie **de poursuivre** l’exploration de ce domaine passionnant. Votre état d’esprit et votre réceptivité [2] seront différents selon que vous recherchez activement des informations supplémentaires ou qu’on vous en inonde.

À noter encore que si je me suis adressée en priorité aux jeunes gens, **les adultes** ont aussi tout à gagner à suivre leurs rêves.

1 mettre à qqn le pied à l'étrier : aider qqn à bien commencer sa carrière, à réussir une entreprise

2 la réceptivité : le fait d'être ouvert pour accueillir une information

Par conséquent, n'hésitez pas à conseiller ce livre à vos aînés ; ils y découvriront peut-être ce qu'ils auraient aimé savoir quand ils avaient votre âge. La bonne nouvelle, c'est qu'il n'est **jamais trop tard** pour réaliser ses aspirations profondes.

Si dans le premier chapitre je vous ai conseillé de lire ce livre dans sa totalité, je vous invite à présent à revenir à ce guide à différents stades de votre cheminement, et ce, surtout si vous éprouvez des difficultés à avancer vers la réalisation de votre rêve. Pendant votre lecture, vous serez sûrement guidé vers une information, un indice qui vous permettra de **comprendre ce qui fait obstacle** à votre succès et vous donnera un nouvel élan pour poursuivre votre aventure.

Avant de terminer, je souhaite bien sûr adresser **mes remerciements à Dylan** pour m'avoir donné l'occasion, à travers sa question, d'écrire ce livre. Parfois on ne sait pas à

quel point on peut influencer les gens. Ce n’est que quand il a reçu un exemplaire du livre qu’il a découvert qu’il avait joué le rôle de déclencheur. J’exprime ma gratitude à la Vie pour avoir placé cet élève sur mon chemin.

Permettez-moi de vous adresser un dernier conseil : suivez votre cœur, consacrez-vous à ce qui vous procure de la joie et du plaisir, n’étouffez pas vos élans. **Le monde a besoin de vos dons et de vos talents**, ne nous en privez pas.

> *« L’échec c’est de ne pas avoir le courage d’essayer »*
>
> ROBIN S. SHARMA – *Le Moine qui vendit sa Ferrari*

Je vous propose de découvrir le rêve de Dylan et, si ce n’est pas encore fait, d’écrire votre CAHIER DE SUCCÈS pour que tous vos rêves deviennent réalité.

Le rêve de Dylan

Bonjour Madame Persuric,

Je voulais vous remercier, le début de mon «rêve» vient de commencer de façon plus sérieuse.

Je ne l'ai jamais dévoilé à personne mais j'ai toujours voulu réussir dans ce domaine et que cette passion puisse un jour devenir mon métier.

En effet dimanche passé je me suis classé 2e sur 21 athlètes en championnat du Luxembourg pour ma première compétition.

Mon rêve est de devenir athlète ment physique pro. Pendant tout le long de ma prépa qui a duré 10 semaines j'ai souvent eu envie de lâcher pour différentes raisons, accumulation d'obstacles et pendant certains moments où j'étais au bord de craquer, je tombais sur quelque chose en rapport avec ce livre que j'ai dû lire sans abuser une dizaine de fois pendant ma prépa. Ça m'arrivait de connaitre des passages par cœur et donc de sauter la page, mais à force que la prépa avançait, le livre a fini au fond du tiroir.

Je ne suis absolument pas quelqu’un de croyant mais une semaine avant cette compétition j’étais vraiment au bout et j’étais très proche de craquer et à ce moment là j’ai reçu un SMS d’un ami à moi qui me demandait si je pouvais lui prêter votre livre. Le timing de cet SMS ne pouvait pas être une simple coïncidence, je l’ai pris comme un signe alors que je suis vraiment quelqu’un absolument par croyant.

Le meilleur de tout ça n’est pas la compète en soi mais ce qui est arrivé derrière : j’ai été contacté par un petit sponsor qui pour moi renforce mon idée de réussir dans ce domaine et de pouvoir réaliser ce rêve.

Voilà je voulais juste vous remercier, votre le livre m’a simplement permis de tenir dans les moments de doute.

Merci beaucoup.

Mes salutations les plus respectueuses,

Dylan

(01/04/2017)

Bibliographie

OUVRAGES DE RÉFÉRENCE

CAROLINE BACHOT
Loi d'attraction 2.0, Le chemin le plus court vers le bonheur
Black Card Books, 2015.

JACK CANFIELD
Le Succès selon Jack. Les principes du succès pour vous rendre là où vous souhaiteriez être !
Un monde différent Itée, 2005.

NATHALIE CARIOU
Oser devenir riche. Objectif abondance !
Éditions Jouvence, 2012.

DOMINIQUE CHAPOT
L'Agenda du reste de ma vie. Que comptez-vous faire ces vingt prochaines années ?
Ixelles Publishing SA, 2014.

MARIE-LUCE DOSSCHE
Itinéraire d'une mission de vie
Auto-éditeur Marie-Luce Dossche, 2016.

MICHAËL FERRARI
Stop à la procrastination c'est malin. Allez enfin au bout de vos projets !
Éditions Leduc.s, 2014.

JEFF FOSTER
Tomber amoureux de ce qui est
Éditions Almora, 2016.

SHAKTI GAWAIN
Techniques de visualisation créatrice
Éditions Soleil, 1984.

MARK V. HANSEN & ROBERT ALLEN
Réveillez le Millionnaire qui est en vous
Éditions AdA Inc., 2003.

ESTHER ET JERRY HICKS
Demandez et vous recevrez
Ariane Éditions Inc., 2006.

ESTHER ET JERRY HICKS
La Loi de l'Attraction. Les clés du secret pour obtenir ce que vous désirez.
Guy Trédaniel Éditeur, 2008.

ESTHER ET JERRY HICKS
Le fabuleux Pouvoir des Émotions. Laissez-vous guider par vos émotions.
Guy Trédaniel Éditeur, 2009, 2016.

BRUCE LEE
Pensées percutantes. La Sagesse du combattant philosophe.
Budo Éditions - Les Éditions de l'Éveil, 2008.

ROBERT MAURER
Un petit pas peut changer votre vie. La voie du kaizen.
Éditions Anne Carrière, 2006.

DON MIGUEL RUIZ
Les quatre Accords toltèques. La voie de la liberté personnelle
Éditions Jouvence, 2005.

ECKHART TOLLE
Le Pouvoir du moment présent
Éditions J'ai lu, 2017.

BRONNIE WARE
Les 5 Regrets des personnes en fin de vie
Guy Trédaniel Éditeur, 2013.

ROMANS

PAULO COELHO
L’Alchimiste
Éditions Anne Carrière, 1994.

ELIZABETH GILBERT
Mange, prie, aime. Changer de vie, on en a tous rêvé Elle a osé !
Calmann-Lévy, 2008.

LAURENT GOUNELLE
L'homme qui voulait être heureux
Editions Anne Carrière, 2008.

ROBIN S. SHARMA
Le Moine qui vendit sa Ferrari
Un monde différent ltée, 1999.